ERES LA PROTAGONISTA DE TU VIDA

BRIANNA WIEST

ERES LA PROTAGONISTA DE TU VIDA

Un diario para tomar las riendas de tu destino

DIANA

Título original: *I Am The Hero Of My Own Life*

Traducción: Mónica López
Formación: Alejandra Romero
Diseño de portada: Planeta Arte & Diseño / Lisset Chavarria Jurado
Imagen de portada: © Getty Images
Fotografía de la autora: © Janelle Putrich

Bajo el sello editorial DIANA M.R.
Avenida Presidente Masaryk núm. 111,
Piso 2, Polanco V Sección, Miguel Hidalgo
C.P. 11560, Ciudad de México
www.planetadelibros.com.mx

Primera edición impresa en México: abril de 2026
ISBN: 978-607-39-4188-4

Impreso en los talleres de Corporación en Servicios
Integrales de Asesoría Profesional, S.A. de C.V.,
Calle E# 6, Parque Industrial
Puebla 2000, C.P. 72225, Puebla, Pue.
Impreso y hecho en México – *Printed and made in Mexico*

El título de este libro *(I Am the Hero of My Own Life* en inglés, es decir, «Soy el héroe de mi propia vida») es una respuesta al libro de Swami Chetanananda *Will I Be the Hero of My Own Life?* (o sea, «¿Seré el héroe de mi propia vida?»). No es un *sí;* más bien, es un *cómo.* Cada historia importante que contamos, cada lección aprendida, todo lo que nos ha cambiado, formado y hecho más abiertas, al final nos demuestra algo: que estamos aquí para salvarnos a nosotras mismas. Se nos ha asignado la tarea de convertirnos en el dios al que le rezamos, en el amor que esperamos, en la pareja con la que soñamos casarnos. Y no solo se nos pide que lo hagamos, sino que estamos destinadas a ello. Nuestros deseos y nuestro dolor son el plano de lo que venimos a hacer. Esta es la revelación: tú ya tienes todo lo que deseas. Tú ya eres todo eso que aspiras a ser. Tu destino es lo opuesto a tus miedos. Este libro no se trata de sanar, se trata de entender que ya sanaste y observar cómo todo se acomoda en su lugar por sí solo.

ESTA ES TU VIDA.

TÚ ERES RESPONSABLE DE ELLA.

AQUELLO QUE SIEMBRES
SERÁ LO QUE COSECHES.

AQUELLO QUE CREAS TAMBIÉN
SERÁ LO QUE VIVAS.

Esta es tu vida. Tú eres la única que decide cómo llevarla. Eres la única que puede brindarte la alegría, la esperanza, el amor, el dinero, las experiencias y la existencia que anhelas. No estás atrapada, solo crees que lo estás. No estás rota, solo crees que lo estás. Sanar es el proceso de recordar que estás bien y que siempre lo has estado. Esta es tu vida. Tú eres la única que tiene que vivirla. Todo lo que juzgas, todo lo que ves, todo lo que interpretas, todo lo que temes solo es una proyección. Esta es tu vida. Y si quieres cambiarla, el primer paso es entender que tú siempre has tenido el poder. El primer paso es decir «Estoy dispuesta a ver este cambio».

Estoy dispuesta

Estoy dispuesta a ver que ....
cambia.

Estoy dispuesta a ver que ....
florece.

Estoy dispuesta a ver que ....
crece.

Estoy dispuesta a ver que ....
muere.

Estoy dispuesta a ver que ....
se transforma.

Estoy dispuesta a ver que ....
vuelve a la vida.

Estoy dispuesta a ver ....
de manera diferente.

Estoy dispuesta a ver que ....
se perdona.

Estoy dispuesta a ver ....
mejor de lo que esperaba.

Estoy dispuesta a ver ....
más grandioso de lo que soñé.

Estoy dispuesta a ver ....
con humildad.

Estoy dispuesta a ver que ....
se libera.

Estoy dispuesta a ver que ....
mejora.

Estoy dispuesta a ver que ....
se reinventa.

Estoy dispuesta a ver que ....
es creíble.

Estoy dispuesta a ver que ....
cambia para siempre.

LISTA

Todo lo que creí que *jamás* superaría, pero un día lo logré:

LISTA

Esto es lo que le diría a mi yo más joven si pudiera hablar con ella ahora:

Lista

Así es como sería yo sin el dolor de mi narrativa. Así es como sería yo sin mi lucha:

INTERSECCIONES

Tu propio diagrama de Venn

A continuación verás tres listas. Complétalas para explorar lo que te gusta, las cosas en las que eres buena y lo que el mundo necesita. Luego, considera cómo y dónde se intersecan o superponen estas tres áreas.

TU PROPIO DIAGRAMA DE VENN:
LISTA 1

Esto es para lo que soy buena:

TU PROPIO DIAGRAMA DE VENN: LISTA 2

Esto es lo que me gusta:

TU PROPIO DIAGRAMA DE VENN: LISTA 3

Esto es lo que el mundo necesita:

TU PROPIO DIAGRAMA DE VENN: LISTA 4

Aquí es donde todo se interseca

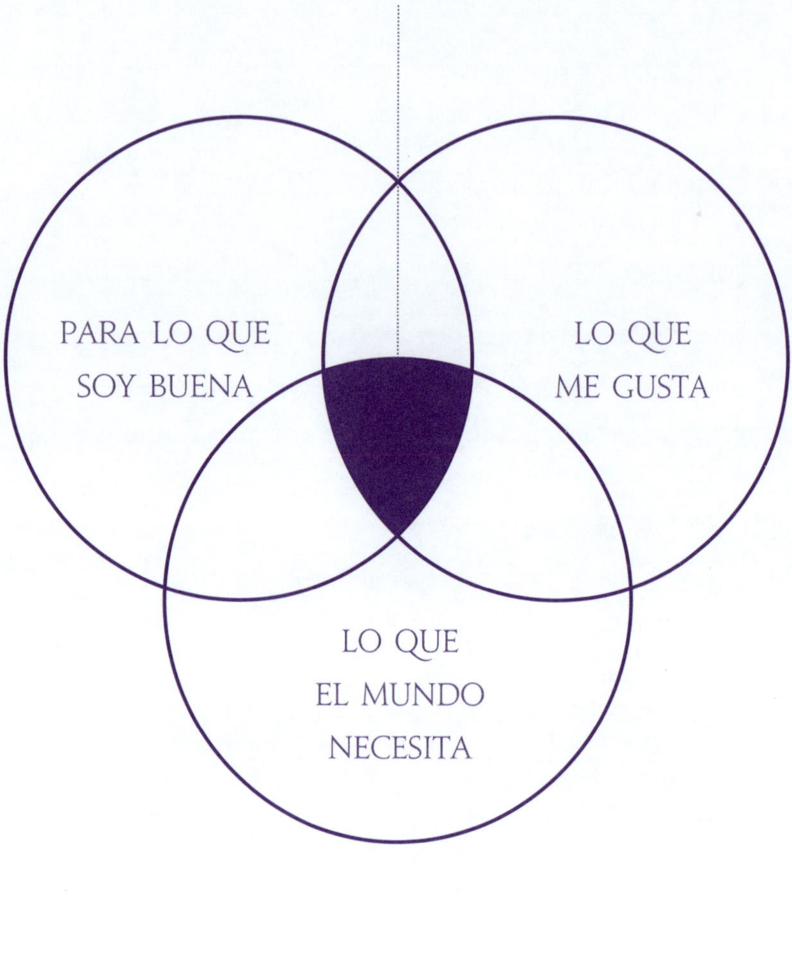

GRATITUD

Gracias, gracias, gracias por: ....

....

....

....

....

(aquello con lo que estás luchando más)

Entiendo que esto es imprescindible para mi crecimiento. Entiendo que mi miedo está tratando de mantenerme a salvo.

Gracias, gracias, gracias por: ....

....

....

....

....

(aquello que te ha causado dolor)

Entiendo que esto se ha manifestado con la finalidad de que yo sea mejor.

Gracias, gracias, gracias por: ....

....

....

....

....

....

(sentimiento incómodo que surge una y otra vez)

Entiendo que me estoy haciendo consciente de esto para poder cambiar el patrón en mi vida. Gracias, gracias, gracias por todas las cosas que han ido tan bien en mi vida, que me recuerdan que la esperanza sigue ahí. Gracias, gracias, gracias por todo lo que desearía que fuera mejor, que me recuerda que yo estoy destinada a hacerlo así. Al agradecer, dejo de resistirme a esto. Y cuando dejo de resistirme, ya nada de esto tiene poder sobre mí.

LISTA

Si mañana tuviera que irme a una isla desierta, donde nadie volviera a saber de mí, tan solo con las pertenencias que quepan en mi auto...

... me llevaría las siguientes cosas:

... me llevaría a las siguientes personas:

... haría esto todos los días:

LISTA

Estas son las cosas que más me molestan de otras personas:

Esto es lo que no me gusta admitir que detesto de mí misma:

Lista

Estas son las cosas que me encantan de otras personas:

Estas son las cosas que me encantan de mí:

LISTA

Si las redes sociales no existieran, así es como viviría de manera diferente:

✧ ✧ ✧

En vez de preocuparme de que me engañen con que hay una medicina que solo tomas una vez y mágicamente te cura, puedo pensar en que los jardines requieren mantenimiento. Los seres humanos falibles requieren mantenimiento. Todos los días hay que quitar los hierbajos y hay que regar; nunca llega el punto en el que terminas de trabajar y de pronto tu jardín se cuida solo.

Chrissy Stockton

✧ ✧ ✧

LISTA

Estas son las cualidades de la persona con la que siempre soñé casarme:

En vez de eso, esta es la persona en la que *yo* me voy a convertir:

LISTA

Los días de mi vida en que recuerdo haberme sentido más feliz estaba haciendo esto:

....

....

....

....

....

....

....

....

....

....

....

....

....

....

....

....

....

....

LISTA

Si mis miedos en realidad fueran símbolos de mis deseos, esto es lo que intentaría decirme a mí misma:

LISTA

Si supiera, sin lugar a dudas, que soy yo quien controla mi vida y pudiera crear absolutamente todo lo que quiera, esto es lo que yo cambiaría:

DIBUJA

Así es como creo que se ve mi verdadero yo ⟶

(un autorretrato)

LISTA

Imagínate dentro de cinco años.
Imagina que conoces a esa persona
y conversas con ella.

¿Cómo es su apariencia?

✧

¿Qué te dice?

✧

¿Cómo se siente?

DIBUJA Y ANALIZA

¿Qué es lo que sueñas para tu vida?

¿Listo? Ok, ahora dibújalo en el siguiente espacio ⟶

Ahora tacha lo que sea físico.
Dinero, un cuerpo mejor, un auto nuevo o algo así.

¿Quedó algo?

✧

Si sí, ¿qué es?

✧

Si no, ¿por qué?

✧ ✧ ✧

No es el crítico quien cuenta, ni el que señala los tropiezos de las personas fuertes o cómo pudo haber hecho mejor las cosas quien sí las hizo. El crédito pertenece a quien en realidad está en la arena, cuyo rostro está surcado por el polvo y el sudor y la sangre, quien se esfuerza valientemente, aunque se equivoque y se quede corto una y otra vez, porque no hay esfuerzo sin error y sin limitaciones. El crédito pertenece a quien sí se esfuerza por hacer las cosas, a quien conoce de grandes entusiasmos, de grandes devociones, a quien se entrega por una causa que vale la pena, a quien, en el mejor de los casos, al final conoce el triunfo de un gran logro y a quien, en el peor de los casos, si fracasa, al menos fracasa porque se atrevió con todas sus fuerzas, por lo que jamás estará entre aquellas almas frías y tímidas que no conocen ni la victoria ni el fracaso.

ANGELA DUCKWORTH

✧ ✧ ✧

Plegaria

Estas son las plegarias más poderosas en el universo, y las recitas todo el tiempo:

Me siento agradecida por...

✧

Estoy harta de...

✧

Estoy preocupada por...

✧

Yo soy...

✧ ✧ ✧

Deja de intentar soltar.
Deja de intentar alejar.
El simple hecho de que intentes ignorar algo hace que centres tu atención en ello. Deja de levantarte sobre ruinas y construye una ciudad nueva. ¿Qué es lo opuesto a todo lo que temes y sientes? ¿Qué podría tomar el lugar de todo eso que estás tratando de soltar? Corre hacia ello. Conviértete en ello. No pienses en nada más que en eso. Pronto, eso también será parte de ti.

✧ ✧ ✧

Fotografía

Busca una foto tuya de hace cinco años o más.
Pégala en la siguiente página ⟶

Mira hacia atrás para recordar lo lejos que has llegado.

LISTA

Si mañana te despertaras completamente sana y siendo la persona que quieres ser, ¿cómo sería tu día?

✧ ✧ ✧

Gracias, gracias, gracias por
la ansiedad. Gracias por la pérdida.
Gracias por todo lo que he resistido
y reprimido. Gracias por las sombras,
gracias por las pesadumbres.
Gracias, gracias, gracias. Estas cosas
no están aquí para castigarme,
sino para transformarme. Solo duele
cuando no entiendo su poder
y su propósito, y, por lo tanto,
mi verdadero castigo es mi miedo.

✧ ✧ ✧

Cuando pierdes la confianza en el universo, cuando sientes que no puedes relajarte en la vida porque nunca antes te apoyó, recuerda: quizá tu mentalidad no sea la correcta. Piensas que tú estás aquí y por allá aquel «dios» singular, una entidad separada que tal vez —y solo tal vez— te conceda su gracia. En realidad, eres parte de todo el campo de energía y la vida apoya la vida. La madre naturaleza quiere que todo prospere, crezca y se acerque al sol, y tú eres parte de esta naturaleza. No tienes que suplicar, rezar o esperar la gracia, porque ya la eres. Es imposible que no tengas apoyo. Esa hoja que se tiene que torcer por la rama para alcanzar los rayos del sol no está recibiendo un castigo, más bien la están guiando y redirigiendo. La vida sostiene a la vida y tú eres parte de ella. Puedes relajarte sabiendo que tu crecimiento, tu alegría, tu gracia, tu calma y tu visión sirven a todo y a todos, porque son parte de todo y de todos. No necesitas confiar, solo tienes que saberlo.

El roble no piensa en cómo se le caen las hojas o sus raíces crecen. Los árboles perennes no necesitan esforzarse para conservar sus agujas. Solo tú eres capaz de llorar por las hojas y suspirar por los árboles. Tú eres la única acongojada porque estás tratando de resistirte a lo que eres. Lo que ocurre es que tu naturaleza no es estática. Usamos ese término para describir que hay algo inmutable dentro de nosotros, pero la naturaleza no es así. Ella tiene ciclos y patrones, rasgos y reacciones. Sin embargo, es impredecible. La naturaleza evoluciona, tiene que hacerlo y, como ella, todo lo que toca también.

Estoy mejor que nunca.

Cada día estoy mejorando más y más en todos los sentidos.

Estoy más sana que nunca.

Estoy en una mejor situación financiera que nunca.

Tengo mejores amistades que nunca.

Estoy más feliz con mi vida que nunca.

Cada día crezco y mejoro.

Puedo mirar hacia atrás en mi vida y ver lo lejos que he llegado.

Puedo mirar mi vida ahora y ver hacia dónde quiero ir.

He sanado y ahora sé que siempre lo he estado.

Estoy completa y ahora sé que siempre lo he estado.

Soy feliz y ahora sé que siempre lo he sido.

✧ ✧ ✧

Tengo el poder de crear la vida que quiero. Yo soy a quien he esperado durante todo este tiempo. Soy el cónyuge, el dios, la sanación y la plenitud. Siempre he sido yo. Puedo crear exactamente lo que quiero. Y no, no me refiero al dinero, al trabajo o al estatus, sino a la paz interior y el asombro, la alegría y el amor. Ya sabes, lo verdaderamente valioso.

✧ ✧ ✧

LISTA

Esta es una lista de lo que me parece muy muy hermoso:

Para honrar el poder de la mente, ponla a trabajar. Permítele recordarte tomar agua, pagar tus cuentas, mantenerte organizada, limpiar tu casa cuando sea necesario. Deja que tu mente sea tu yang, tu fuerza masculina. Deja que te diga *cómo.*

Para honrar el poder del alma, ponla a trabajar. Permítele decirte con quién pasar tiempo. Permítele decirte qué hacer con tus días. Permítele recordarte que el olor del aire fresco es la mejor sensación y que estás destinada a más de lo que tienes ahora. Deja que tu alma sea tu yin, tu fuerza femenina. Deja que te diga *qué.*

LISTA

Esta es una lista de pequeños cambios que podría empezar a hacer diariamente y que con el tiempo me ayudarán a alcanzar mis mayores metas:

LISTA

Describe a tu mejor yo.

Tu yo más calmado, más paciente, más relajado, más conocedor, más sabio, más tolerante, más feliz. No tu yo más exitoso o glamuroso, porque esa es la mejor versión de tu ego. Describe tu verdadero yo, ese que está tratando de salir a la luz.

LISTA

Pídele a alguien cercano que te describa a ti y a tu vida como si tratara de explicárselo a un extraño. Escribe o pega lo que te diga.

Así es como te ve el mundo que importa.

LISTA

Este es mi recuerdo más querido con mis padres:

LISTA

Este es el momento de mi vida en el que me sentí más yo misma:

✧ ✧ ✧

Comienza con esto: no todo el dolor importa. Hay muchas personas que constantemente se distraen de su propósito por irse con su dolor, como la polilla a la luz. Estas personas, que centran su atención en cualquier problema u obstáculo en su camino, por lo general fracasan en sus proyectos. En casos extremos, tienen problemas mentales. Una persona sana, una persona que florece, aprende a superar muchas dificultades y una gran cantidad de dolor.

Eric Greitens

✧ ✧ ✧

16 SENTIMIENTOS INCÓMODOS QUE TE INDICAN QUE VAS POR EL CAMINO CORRECTO

La incomodidad es lo que sentimos cuando estamos a punto de cambiar. Desafortunadamente, con frecuencia la confundimos con infelicidad, entonces tratamos de lidiar con esta y le huimos a la verdadera sensación. Casi siempre es necesario un poco de incomodidad para alcanzar un nuevo entendimiento, para soltar una creencia limitante, para motivarnos a generar un cambio real. La incomodidad es una señal, una que con frecuencia es muy útil.

Estos son algunos (muy poco deseables) sentimientos que podrían indicar que, a pesar de todo, estás en el camino correcto:

1. **Sentir como si estuvieras reviviendo conflictos de tu infancia.**
   Sientes que en tu vida adulta te estás topando con problemas con los que lidiaste cuando eras niña, y, si bien en la superficie esto podría parecer que no los has superado, en realidad quiere decir que te estás haciendo consciente de por qué piensas y te sientes así, para poder cambiarlo.

2. **Sentirte «perdida» o sin rumbo.**
   En realidad, sentirte perdida es una señal de que te estás volviendo más presente en tu vida; vives menos

dentro de las narrativas y las ideas que presuponías, y más en el momento actual. Hasta que no te acostumbres a esto, te vas a sentir como si estuvieras a la deriva (pero no es así).

3. **Confusión del hemisferio izquierdo.**
Cuando utilizas el hemisferio cerebral derecho con mayor frecuencia (porque te estás volviendo más intuitiva, estás lidiando con emociones, estás creando), a veces puede parecer como si las funciones de tu hemisferio izquierdo te dejaran confundida, por lo que, de pronto, te cuesta mucho trabajo concentrarte, organizarte y recordar pequeños detalles.

4. **Tener exabruptos de ira irracional o de tristeza que se intensifican al grado de que ya no puedes ignorarlos.**
Cuando las emociones hacen erupción, es porque quieren que las reconozcas; nuestro trabajo es aprender a dejar de luchar con ellas, dejar de resistirlas y simplemente hacernos completamente conscientes de ellas (después de eso, podremos controlarlas, no al revés).

5. **Experimentar patrones de sueño impredecibles y variados.**
De pronto dormirás mucho más o mucho menos. Te vas a despertar en la madrugada porque no puedes dejar de pensar en algo. Te sentirás llena de energía,

o bien, completamente exhausta, no habrá punto medio la mayoría de las veces.

6. **Un evento que te va a cambiar la vida está sucediendo o ya sucedió.**
De pronto vas a tener que mudarte, divorciarte, vas a perder tu trabajo o tu auto se va a descomponer, etcétera.

7. **Tener una intensa necesidad de estar sola.**
De pronto pierdes las ganas de pasar cada fin de semana socializando. Los problemas de los demás te drenan energía más de lo que te intrigan. Esto significa que estás recalibrando.

8. **Sueños intensos y vívidos que casi siempre recuerdas con detalle.**
Si tu subconsciente se comunica contigo (o proyecta una imagen de tu experiencia) a través de tus sueños, entonces definitivamente está tratando de decirte algo. Es probable que nunca hayas tenido sueños tan intensos.

9. **Reducir tu grupo de amigos; sentirte cada vez más incómoda cerca de gente negativa.**
La cuestión acerca de la gente negativa es que rara vez se dan cuenta de que son negativos, y como tú te sientes incómoda diciendo cualquier cosa (y te sientes

aún más incómoda soportando eso en tu vida), poco a poco vas alejándote de tus viejos amigos.

10. **Sentir que lo que soñabas para tu vida está colapsando.**
En este momento no te das cuenta de que todo lo que colapsa está abriendo un espacio para una realidad mucho mejor de la que alguna vez imaginaste, una que es mucho más congruente con quien eres y no con quien crees que deberías ser.

11. **Sentir como si tus pensamientos fueran tu peor enemigo.**
Empiezas a darte cuenta de que tus pensamientos sí crean tu experiencia y que, con frecuencia, hasta que no nos llevan al borde de la locura, no tratamos de controlarlos, y ahí es cuando entendemos que siempre tuvimos el control.

12. **Sentirte insegura de quién eres realmente.**
Tus ilusiones pasadas de quién «deberías» ser se están disolviendo. ¡Te sientes insegura porque todo es incierto! Estás en el proceso de evolucionar; además, no nos volvemos inseguras cuando cambiamos para mal (más bien, nos volvemos enojonas y cerradas). En otras palabras: si lo que experimentas es inseguridad o incertidumbre, generalmente es porque estás yendo hacia algo mejor.

13. **Reconocer todo lo que aún te falta.**
Cuando te das cuenta de esto es porque también puedes ver hacia dónde te diriges; quiere decir que al fin sabes dónde quieres estar y quién quieres ser.

14. **«Saber» cosas que no quieres saber.**
Por ejemplo, lo que alguien está sintiendo, o que esa relación no va a durar, o que no permanecerás en tu trabajo mucho tiempo más. Mucha de la ansiedad «irracional» viene de presentir algo subconscientemente sin tomártelo en serio porque no es lógico.

15. **Tener un deseo muy intenso de defenderte.**
Enojarte con lo mucho que has dejado que te pisen o lo mucho que has permitido que las voces de otras personas entren en tu cabeza es una señal de que al fin estás lista para dejar de hacerles caso y darte amor, respetándote a ti antes que a cualquier otro.

16. **Darte cuenta de que eres la única persona responsable de tu vida y de tu felicidad.**
Este tipo de autonomía emocional da miedo, porque quiere decir que si te equivocas, será tu responsabilidad. Al mismo tiempo, darte cuenta de esto es la única forma de ser realmente libre. En este caso, siempre valdrá la pena arriesgarse.

Acerca de mí

Mi color favorito para vestirme es ....

Así me gusta el café: ....

De los lugares que he visitado, mi favorito es ....

Mi flor favorita es ....

Mi fin de semana ideal es ....

Esto es lo que me gusta hacer yo sola: ....

....

....

....

....

Esta es una persona a quien quiero mucho: ....

....

....

....

....

Esto es lo que espero lograr en mi vida: ....

....

....

....

....

Esto es lo que más me enoja del mundo: ....

....

....

....

....

Esta es una cita que me inspira: ....

....

....

....

Esta es una persona que admiro: ....

....

....

....

Este es un placer secreto que no me gusta admitir: ....

....

....

....

Este es mi día de la semana favorito: ....

....

....

....

Este es mi signo zodiacal: ....

....

....

....

Este es el nombre de mi mejor amiga: ....

....

....

....

Este es mi hogar: ....

....

....

....

Lista

Si pudiera eliminar por completo un recuerdo de mi vida, sería este:

LISTA

Si pudiera regresar los últimos cinco años, esto es lo que haría diferente:

LISTA

Estas son las lecciones más importantes que he aprendido en los últimos cinco años:

LISTA

Esto es lo que ha cambiado significativamente de mi personalidad en los últimos cinco años:

LISTA

Si pudiera cambiar algo de la naturaleza humana, sería esto:

LISTA

Este es un tema recurrente en mis sueños:

LISTA

Aquí es a donde viajaría si tuviera un trabajo remoto y vuelos gratis de por vida:

LISTA

Esto es lo que ahora tengo en mi vida y que alguna vez fue tan solo un sueño:

LISTA

Mi vida resultó mejor de lo que esperaba en esto:

✧ ✧ ✧

Nunca cambio, simplemente me vuelvo
más yo misma.

JOYCE CAROL OATES

✧ ✧ ✧

Después de todo, un día estarás muerta. Entonces estarás bajo tierra. No comprarás más flores ni vestidos lindos, no tendrás más vacaciones ni gastarás dinero en nada más. Así que si hay algo que alegre tu día, hazlo ahora. Desafía a la muerte. Goza de este breve momento, aquí, en este mundo lleno de belleza intermitente.

Jennifer Wright

LISTA

Creo que vale la pena sufrir por esto:

LISTA

El consejo que alguna vez me ayudó en tiempos realmente difíciles fue...

Lista

Cuando estoy completamente sana y feliz, paso mis días pensando en esto:

Cuando estoy completamente sana y feliz, paso mis días haciendo esto:

Cuando esté completamente sana y feliz, esto es lo que pensaré de los desafíos que se me presenten:

✧ ✧ ✧

Todo lo que sueñas que harás, podrías hacer y tal vez hagas cuando estés mejor; todo lo que esperas que se manifieste en tu ser conforme vaya cambiando tu mundo exterior; todo eso no son tus recompensas, son tus herramientas. Hazlas ahora. Piénsalas ahora. Sé ellas ahora. La vida se despliega del interior al exterior.

✧ ✧ ✧

Todos tenemos un poco de sol y luna en nuestro interior. Todos tenemos un poco de hombre, mujer y animal. Tenemos oscuridad y luz. Todos somos parte de un sistema cósmico conectado. Somos, en parte, tierra y mar, viento y fuego, con un poco de sal y polvo flotando dentro de nosotros. En nuestro interior hay un universo que imita al universo exterior. Ninguno de nosotros es absolutamente negro o blanco; tampoco es que nunca nos equivoquemos y siempre estemos en lo correcto. Nadie. Nadie existe sin polaridades. Todos tenemos fuerzas buenas y malas trabajando con nosotros, contra nosotros y dentro de nosotros.

Suzy Kassem

LISTA

Esta es una carta de agradecimiento para alguien que me ha amado incondicionalmente:

LISTA

Esta es una carta de agradecimiento a mi yo más joven, por llevarme hasta donde estoy ahora:

LISTA

Esta es una carta para pedirle perdón a mi yo más joven por todas las veces en que fui mala conmigo:

LISTA

En cinco años, espero estar en esta situación:

LISTA

Estas son las 10 cosas que hago con más frecuencia en un día cualquiera:

1. ....
....
....
....
....

2. ....
....
....
....
....

3. ....
....
....
....

4. ....
....
....
....

5.

6.

7.

8.

9.

10.

Lista

Si mis hábitos diarios siguen igual, esta es la situación en la que realmente estaré en cinco años:

No se trata tanto de si te tomas el tiempo para salir, sino de si puedes sentarte afuera y no hacer nada más que respirar la vida y simplemente disfrutarla. Esa es la señal de que lograste llegar a una situación que vale la pena.

LISTA

Esto es lo que ansío con más frecuencia:

LISTA

Todo eso que ansío son representaciones emocionales de...

21 SEÑALES DE QUE LO ESTÁS HACIENDO MEJOR DE LO QUE CREES

1. Pagaste las cuentas de este mes y tal vez te sobró un extra para gastar en cosas no tan esenciales. No importa cuánto refunfuñaste al hacer los pagos, el punto es que hallaste la forma de hacerlo.

2. Te cuestionas. Dudas de tu vida. Algunos días te sientes muy mal. Esto quiere decir que sigues abierta al crecimiento. Significa que puedes ser objetiva y consciente de ti. Las mejores personas llegan a casa al final del día y piensan «Quizás haya otra forma».

3. Tienes un trabajo. No importa cuántas horas tengas que trabajar ni lo que ganes, estás ganando dinero que te ayuda a comer, a dormir sobre algo y vestirte todos los días. No es un fracaso si no es como creíste que sería; estás valorando tu independencia y haciéndote responsable de ti misma.

4. Tienes tiempo para hacer algo que disfrutas, aun si eso es sentarte en el sofá, pedir la cena a domicilio y ver Netflix.

5. No te preocupa cómo vas a obtener tu siguiente comida. En tu refrigerador y alacena hay comida y tienes lo suficiente para elegir lo que quieres comer.

6. Puedes comer porque lo disfrutas; no es una mera cuestión de supervivencia.

7. Tienes una o dos amigas realmente cercanas. La gente se preocupa por la cantidad, pero eventualmente se da cuenta de que el número de personas que puede contar como parte de su tribu no tiene nada que ver con cuánta intimidad, aceptación, sentimiento de comunidad o alegría compartan. A fin de cuentas, lo que realmente queremos son unas cuantas personas cercanas que nos conozcan y nos amen a pesar de lo que sea.

8. Esta mañana pudiste pagar un viaje en el metro, una taza de café o la gasolina de tu auto. Las más mínimas comodidades (y, con frecuencia, necesidades) no varían para ti.

9. No eres la misma persona que eras hace un año. Estás aprendiendo y evolucionando, y puedes identificar las maneras en que has mejorado o empeorado.

10. Tienes el tiempo y los medios para hacer o comprar cosas más allá de lo indispensable. Quizás hayas ido a algún concierto en los últimos años, compras libros

para ti o podrías hacer un pequeño viaje de un día a alguna ciudad cercana si quisieras. En pocas palabras, no tienes que trabajar todo el día para poder sobrevivir.

11. Tienes una selección de ropa a tu disposición. No te preocupa tener un gorro o guantes para una helada; tienes ropa fresca para el verano y algo para usar en una boda.

12. No solo puedes proteger y decorar tu cuerpo, sino que puedes hacerlo de manera apropiada ante una variedad de circunstancias.

13. Puedes identificar lo que no está bien en tu vida. El primer y más importante paso es simplemente estar consciente y ser capaz de decirte «Algo no está bien, aunque aún no estoy segura de qué me haría sentir mejor».

14. Si pudieras hablar con tu yo más joven, podrías decirle: «Lo logramos, descubrimos cómo sobrevivir a esta situación tan terrible». Con frecuencia, la gente proyecta traumas del pasado en su presente. Si quieres alguna prueba de que cargamos con quiénes éramos, solo tienes que ver cómo reacciona tu niño interior cuando la persona en que te has convertido hoy le dice: «Vas a estar bien».

15. Tienes tu propio espacio. No tiene que ser una casa o un departamento (aunque si así es, qué genial). Todo lo que necesitas es una habitación, un rincón, un escritorio, donde puedas crear o descansar a tu antojo, donde tú decidas quién puede ser parte de tu pequeño mundo extraño y en qué medida. Es una de las pocas cosas que realmente puedes controlar.

16. Has perdido relaciones. Más que el hecho de que las tuviste, lo que importa es que tú o tu pareja anterior decidieron no conformarse. Te abriste a la posibilidad de que allá afuera podría haber alguien más.

17. Sientes interés por algo, ya sea vivir más feliz, tener mejores relaciones, leer, ver películas, tener sexo, vivir en sociedad o saber cuál es el eje sobre el que gira el mundo. Algo te intriga y lo exploras.

18. Sabes cómo cuidarte. Sabes cuántas horas de sueño necesitas para sentirte bien al día siguiente. Sabes a quién acudir cuando tienes el corazón roto. Sabes qué es lo que te divierte o qué hacer cuando no te sientes bien, etcétera.

19. Estás trabajando para cumplir una meta. Aun si estás exhausta y la meta se siente a kilómetros y kilómetros de distancia, tienes un sueño, por muy ambiguo y maleable que parezca.

20. Pero tampoco estás cerrada a que esa es la única opción para tu futuro. Algunas de las personas más felices y adaptables son quienes pueden convertir cualquier situación en algo ideal, porque están demasiado inmersas en el momento presente como para planear o comprometerse con un solo resultado específico.

21. Has pasado por algunos momentos difíciles. Eres capaz de ver los desafíos que se te presentan y compararlos con aquellos que creíste que nunca superarías. Puedes consolarte con tus propias experiencias. La vida no se volvió más fácil, tú te volviste más lista.

LISTA

Si tuviera que describirle mi vida a un extraño, esto es lo que le diría:

LISTA

Cuando le describo mi vida a mi mejor amiga, esto es lo que le platico:

LISTA

Estoy siendo deshonesta conmigo misma sobre cómo me siento realmente con mi vida de la siguiente manera:

✧ ✧ ✧

Si quieres ver realmente
a qué te estás comprometiendo,
fíjate en tus resultados.

Jennifer Ho-Dougatz

✧ ✧ ✧

LISTA

Si supiera que todos van a estar de acuerdo conmigo, estas son las opiniones sobre las que sería más abierta:

LISTA

Si supiera que todos van a apoyarme, viviría de manera diferente así:

LISTA

Estas son algunas cosas en las que puedo admitir que estaba equivocada, pero que ahora entiendo mejor:

LISTA

Estas son las relaciones que más han significado en mi vida:

LISTA

Dichas relaciones tienen esto en común:

✧ ✧ ✧

En la neurociencia hay un dicho: «Las neuronas que se activan juntas se conectan entre sí». Esto quiere decir que cuanto más utilizas un circuito neuronal de tu cerebro, más se fortalece. Por eso es que —y por citar otro viejo dicho— «la práctica hace al maestro». Mientras más practicas tocar el piano, hablar un idioma o hacer malabares, más se fortalecen esos circuitos. La habilidad para aprender tiene que ver más con construir y fortalecer esas conexiones neuronales. Durante años, ese ha sido el enfoque para aprender cosas nuevas. Sin embargo, es más importante aún nuestra habilidad para romper las conexiones viejas. Eso se llama «poda sináptica».

JUDAH POLLACK

✧ ✧ ✧

LISTA

Estas son algunas maneras en las que me doy cuenta de que me autosaboteo:

LISTA

Estas son algunas razones por las que creo que me autosaboteo:

LISTA

Esto es lo que yo definiría como mi zona de confort:

Esto es lo que estaría dispuesta a dejar atrás para lograr mis metas:

Todo lo que has escrito en estas páginas son cosas que ya sabías. Cada vez que leíste algo que te hizo sentir como si todo fuera hermoso y que todos esos cabos sueltos al fin parecían ocupar su lugar en tu mente eran momentos en que tu alma te hablaba. Era como si te dijera: «Sí, te lo dije».

Tus sentimientos siempre son válidos, pero, por lo general, no son reales. No puedes traer caos a tu vida preocupándote. Al preocuparte atraes más preocupación, no más traumas. Sin embargo, sí puedes robarte tus mejores años con la ilusión de que la preocupación te mantiene a salvo. Aunque no es así. Por momentos estaremos jodidas, pero al final todo estará bien... nos preocupemos o no.

Si alguien te dice que no quiere una relación, créele. Si haces tu mejor esfuerzo y no llegas a ningún lado, mejor intenta dirigirte hacia otro lugar. No tienes que esforzarte tanto; sentirás que tu propósito fluye sin complicaciones.

Eso requerirá dedicación, que también debería sentirse bastante natural. Todo lo demás que hagas para generar tensión y caos es una manera de desconectarte de ti misma. Tus problemas cotidianos no son problemas, son amores. No puedes soltarlos porque te sirven de alguna manera que no reconoces conscientemente. Cuando descubras qué es lo que alimentan, se disolverán sin esfuerzo.

Tu vida entera se está desplegando. No se trata de al fin llegar a donde quieres, sino de entender que siempre has estado ahí. Se trata de entender que ya eres la persona que sueñas ser, que ya tienes el poder que ansías; la felicidad que esperas ha estado frente a ti todo el tiempo y la vida que sueñas ha estado a tu alcance desde el momento en que la imaginaste.

Es solo que tú misma eras quien te frenaba.